반딧불문고 ②

제14회 불교청소년 도서저작상 수상작품집

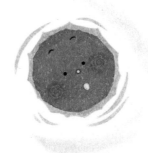

해님 깨우기

반인자 청소년시집

도서출판 코레드

'해님 깨우기'를 펴내며

안산시문화예술기금을 지원받아 창작동화집 '송화네 통통통 통통배'를 펴 낸지 4년 만에 동시집을 갈무리하여 봅니다. 부산과 안산, 고창을 오가며 세월의 조각들을 갈고 닦다 보니 아이들 이야기와 옛 성현들이 말씀하신 사유의 바다에서 건져 올린 이야기도 있습니다.

우리 일상에서 만나고 부딪히는 사물들이 모두가 인연법에 의해서 만나고 헤어지고, 또 다른 모습의 과정이라 여깁니다. 그 자연의 순환 속에서 자라는 우리 청소년 세대를 애정으로 보살피는 것은 어른세대의 책무 입니다.

그래서 늦은 나이에 글공부를 시작했고, 손자손녀들에게 읽힐 책을 한 권 두 권 만들기 시작했지요. 이제 이 시대를 이끌어 갈 청소년들에게, 이웃과 함께하는 넉넉한 마음을 키워 기르는 자성이 중요함을 느낍니다.

책 한 권이 가지는 의미는, 작은 군함을 책상 앞에 붙이고 자라서 미국 군축함 함장으로 자란 한국계 청년의 고백을 읽으며, 작은 동기부여가 절실히 중요함을 압니다. 그래서 늘 창작의 밀실에서 고민 고민하고 어떤 튼실한 아람을 주는 글을

쓸까 망설여집니다.

한 줄의 글이 인성을 깨워주며 마음 챙기기는, 수억 원을 상속하는 것보다, 우리 청소년이 살아갈 미래에 확실한 자존감을 갖게 합니다.

현대 사회는 하루가 다르게 변하고 문화의 흐름도 동적으로 바뀝니다. 빠른 물살의 변화 속에서도 변하지 않는 건, 인간 본연의 선하고 착한 본성의 자양분 입니다.

이 책이 오늘을 사는 청소년들에게 마음에 허기를 채우는 오아시스가 되었으면 하는 바램입니다.

2018년 12월 그믐에

아 람 반 인 자 손모음

목 차

1부 ## 느낌표 고드름

목 차

2부 고향이 다른 꽃처럼

목 차

3부 미래로 가는 엘리베이터

느낌표 고드름

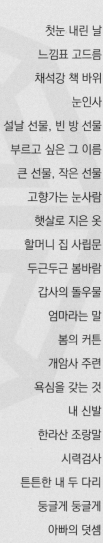

첫눈 내린 날

-안아 주세요.
-춥고 배도 고파요.

하나님이 보시기에
부처님도 보시기에
세상 너무 안타까워 눈조차 감으시네.

십자가 지나가던 접시구름
큰 법당 지나가던 흰 구름

눈송이 펄펄 날려
세상 천지 포근히 덮어주었지.

찬바람에 바들바들 떨던 나뭇잎
문풍지 바람 매섭게 들리던
쪽방 촌 할머니 오두막
웃음 가득 바라보시기만 하시네.

-첫눈이 참 소담스럽게 내리는구나.

하늘이 보기에
첫눈 오는 날 아침
온 누리가 하나로 하얗게
세상이 모두 평등하게만 보이네.

느낌표 고드름

뭉게구름 양떼구름
하얀 눈구름

하늘에서 우리들을
지켜보시다가
무슨 말을 할까 말까
입을 꾹 다물고
지붕위에 소복소복 눈탑 쌓으며
슬픈 이야기 외로운 이야기
듣고만 있어요.

말을 할까, 그만 둘까
망설이다가
처마 끝에 대롱대롱
느낌표만 잔뜩 달아놨네요.

채석강 책 바위

용왕님 공부하던 도서관일까?
인어공주 배우던 책들일까?

차곡차곡 쌓아놓고
읽다가 싫증이 나서 베고 누었을까?

변산반도 채석강 한 끝에
책 바위 차곡차곡 놓여있어요.

동화책도 고르고
동시, 동요 책도 골라보고
재미있는 게임이야기는 없을까?

읽고 싶어도
마술로 모든 책 돌로 변하게 해서
기다려야 해요.
용왕님이나 인어공주가 올 때 까지…….

눈인사

말을 하지 않아도
눈으로 말하는 인사
따뜻한 눈인사

선생님께도 큰소리로
인사하지 않아도
씽긋 웃는 얼굴로 고개 다소곳이 숙이면
더 예쁘게 보이듯

따뜻한 눈인사는
오래도록 기억에 남게 해줘요.

설날 선물, 빈방 선물

새해가 되면
하늘이 나에게 빈 방을 선물로 줘요.
365개의 깨끗한 빈 방

매년 정월 초하루
그 빈방을 가득가득 채워보래요.

서두르지 않고
재촉하지 않고
차곡차곡 방 하나씩 채우다 보면
내가 자라는 모습, 환히 볼 수가 있대요.

365일 일 년이라는 빈 방
내가 알뜰히 채울 수 있는 하얀 방.

부르고 싶은 이름

이름 앞에 '꽃'이라는 낱말
앞세우면 무엇이 달라질까?

-꽃길, 꽃눈, 꽃신, 꽃밭
-꽃소식, 꽃다발, 꽃살문, 꽃바구니….

곱고 아름다운 상상
나만 그런 생각 하는 것일까?
그 단어 한 글자가 만드는 세상
곰곰이 생각해 봐.

언제나 부르고 싶고, 만나고 싶은
이름이 될 거야!

큰 선물, 작은 선물

설날 아침 북한에서
특별선물로 급히 알려온 소식.

-핵무기를 해체합니다.
그랬으면 얼마나 좋을까?

-휴전선을 걷어내고
그 자리에 생태공원 자연 학습공원 만듭니다.
그랬으면 얼마나 좋을까?

북한 사람들 한라산으로
남해 바다로 구경하러 오고

남쪽 사람들 백두산
개마고원 나들이 가면
얼마나 기쁜 선물이 될까?

새해에는 서로 감동 안겨줄 수 있는
큰 선물, 작은 선물 가리지 말고
주고받았으면 참 좋겠네!

고향가는 눈사람

한겨울 마당 끝에서
파수꾼처럼 밤을 지키던 눈사람
고향엘 가려나 봐요.

진눈깨비 내리는 날
팔 하나 뚝 던져버리고
숯검뎅이로 이어 만든 코도
킁킁 털어버리고

바람 부는 날
머리를 덮었던 털모자도
휭- 던져버렸어요.

한낮 흐물흐물 녹아내리다가
그것도 귀찮은지
입혀놓은 할아버지 적삼도
퉁퉁 벗어버렸어요.

외롭던 눈사람
신발을 신겨주지 않은 게 다행이에요.

햇살로 지은 옷

추운 겨울 양지쪽에 모여 앉으면
따뜻한 온기가 느껴져요.

여름에는 그렇게 무더운 땡볕인데
겨울엔 따스한 햇살 그려져요.

'저 햇살로 옷을 지으면 얼마나 따뜻할까'

무겁지도 않고 비싸지도 않고
봄볕처럼 따사로운 햇살로 지은 옷.

햇살을 자를 수만 있다면
가엾은 할머니, 할아버지
병원에서 앓고 있는
친구들에게도 선물로
한 벌씩 나눠 주었으면 좋겠어요.

할머니 집 사립문

지리산 산골짜기 할머니의 굴피 집
작은 마당 끝에 사립문이 걸려있어요.

바람도 귀한 손님
햇살도 귀한 손님
누구라도 들어와 마루에 쉬다가라고
아침 일찍 사립문부터 여시는 할머니

다람쥐가 쪼르르 왔다가고
너구리가 달려와 기웃기웃
돌아보다 휑 나가도
언제나 한가로운 할머니 집

사립문이 닫히면
달님이 찾아오고
부엉이가 사립문 기둥머리에 앉아
할머니 집을 지키고 있어요.

언제나 새벽이면 열리는
할머니의 찌그러진 사립문.

두근두근 봄바람

함박눈 높이 쌓아놓고
하얀 눈꽃송이 폴폴 날리며
어름궁전 지은 들판에서
오래오래 살려고 했는데
봄이 온다며
허둥지둥 겨울이 잠에서 깨어났어요.

-얼른 흔적을 지워야지

눈사람도 녹이고
산등성이의 얼음계곡도 지우고
산골 초막집 고드름도
뚝뚝 떼어내서 녹여요.
이제 떠날까 말까

언덕아래 들쥐 구멍에서
마루 밑 고양이 집에 숨어있던 봄바람
솔 솔 솔 매화나무에
눈꽃 닮은 꽃부터 활짝 활짝 피워요.

갑사의 돌우물

돌돌돌 돌우물 아니랄까봐
돌돌돌 소리 내며 솟아나
부처님께 올릴 찻물 한 대접
공양주 보살 떠나고 나면
산새들새 찾아와 꾸벅 절하고
물 한 모금 꼴깍 꼴깍

다람쥐가 찾아와 한 모금 홀짝
등산하시던 할아버지, 아저씨
새벽기도 오시던 아줌마
조롱박에 떠서 한 모금

주고 또 퍼내도
넘치지 않는 산사의 돌우물
아낌없이 나눠주시는
부처님의 사랑

엄마라는 말

엄마와 아기가 손잡고
들길을 타박타박 걸어갑니다.

-엄마!
-왜-에?
-저기 덩치 큰 소가 왜, 자꾸 자꾸
 엄-마, 엄-마를 불러?

엄마는 아기를 보고 빙그레 웃으며

-엄마니까 엄마라고 부르는 거야.
-엄마니까 부르는 거야?
-그래. 엄마도 할머니한테 '엄마'라고 부르잖아.
-그렇구나. 엄마니까.

봄의 커튼

우주는 모든 사물 같은 한 몸이기에
존재하는 모든 사물 언제인가는
모두 사라지고
인연 모이면 다른 형상으로 일어나니
큰 자비심으로 나누며 살라.

봄이 생기로운 연초록의 세상
대자연의 힘
여름에 세상을 꾸미는 녹색의 정원
푸른 세상의 넓은 뜰이다.

가을이면 모두 버리고
산천초목 백색의 정원에 가두듯
이 세상 자체는 변함없는 땅위의 연출
커튼을 내리고 올리고
무대 위에 그림만 바꾸는 지구의 신비한 세상.

개암사 주련

개암사 큰 법당
주련을 읽고 배우나
먹좀 벌 한 쌍 기둥에 구멍 뚫어
집을 짓고
밤낮 주련 위를 오가네.

법구경의 한 말씀
사분 율에서 한 말씀

읽다가 다시 보고
다시 보다 또 읽어보고
법당기둥 속 아기들 가르치려나.
구멍 속에 기어들다가
윙윙 주련의 글씨 다시 읽어요.

수행 부족한 전생의 스님일까?
꿀 따러 갈 생각 않고
주련의 글씨만 외우네.

욕심을 갖는 것

욕심이 없으면
미래가 없고
희망은 오직 작은 욕망으로 시작돼요.

언제나 2% 부족하다는 뉘우침
그런 반성이 있어야
열심히 정진하겠다는 다짐이 생겨요.

더 날씬 했으면
더 용감했더라면
부족함을 채우는 나의 자세
그것이 미래를 점차 바꾸게 한 대요.

내 신발

내 몸을 짊어지고
하루 종일 함께 지내는 신발

두 발이 미끄러질 새라
두 발 꼭 움켜잡고
끙끙 끙

교실에서도
화장실에서도
운동장에서 공을 차고도
지치지 않는 신발.

-고마워.

현관 신발장 옆에 나란히 붙어서
꿈을 꾸며 자고 있다가도
내 목소리만 들으면
벌떡 일어나 나갈 준비가 바쁜
내 고단한 신발.

한라산 조랑말

제주도 가시리마을
조랑말 생태 박물관.

한라산 푸른 산자락에
크고 작은 오름 위에
방울 달고
달랑달랑 뛰어노는 조랑말

귤밭, 보리밭, 유채 밭도 가꾸는
든든한 우리 귀여운 친구

등에 사람도 태우고
수레도 끌고
꾀부리지 않고 가끔씩 웃으며
주인을 놀리는 장난꾸러기
제주 가시리 마을에 가면
조랑말 가족 만날 수 있어요.

시력 검사

왼쪽이 1.0
오른쪽은 0.8
-시력이 짝 짝이네.

왼쪽 눈 가리고 보고
오른쪽 눈 가리고 보다가
두 눈 같이 뜨고 보니
-아, 환하다.

하나 보다는 둘
함께 보니 환한 세상.

세상의 모든 일도
나 혼자보다는 친구들과 함께
생각하고 노력하면
더 크고 좋은 세상
그래, 만들 수 있을 거야!

튼튼한 내 두 다리

옆집 엄마 새 자동차 사셨다고 자랑
앞 집 삼촌 전동 휠 타고
출근하시며 으쓱으쓱

올해 고등학교 입학한 뒷집 누나
자가용으로 등교시켜 주어요.

-자 가자.
할아버지는 내 손 꽉 잡으시고
-걷는 것이 보약이다.

출근하시며 나를 학교 앞까지
데려다 주시는 할아버지

할아버지는
약 드시는 것도 없어
청년처럼 젊어보이셔요.
병원에도 안 가셔요.

둥글게 둥글게

알은 둥글둥글 둥글고
씨앗은 어느 것이나
네모 세모 모난 것이 없어요.

해님도 달님도
굴렁쇠도 자동차 바퀴도
둥글둥글

각이 지면 부서지고
깨질까봐
둥글 둥글게 되었나봐.

아빠의 덧셈

내가 태어났을 때
수학 선생님인 아빠
친구에게 엽서를 보냈대요.

1+1=2이더니 +1하니
3이 되었네.
축하해 줘.

아빠 친구 답장은
우리는 1+1=3이 되더니
+1하니 4가 되었네.
하하하하, 껄 껄 껄

아빠 친구는 지금도
-넌, 삼이야 삼. 하시며
나만 보시면 놀려대신다.

고향이 다른 꽃처럼

그 틈새

밤과 낮의 그 틈새
시간과 분 초
그 사이의 틈새

잠이 듬과 깨어남
그 찰나의 틈새

들숨과 날숨
내 가슴으로 받아드리기 전과
내 뱉고 나서
그 사이 내 가슴의 빈 공간

그 빈 공간의 시간
고요한 순간의 빈 그 틈새.

풀밭에 누우면

풀밭에 누우면
하늘들판이 모두 내 세상

넓고 넓은 푸른 창공
하늘 도화지.

양떼구름 토끼구름 새하얀 접시구름
둥실둥실 그려놓고

스쳐가는 실바람도
간질간질 샛바람도
하늘 가득 색연필로 그리고 싶어요.

가슴 열고 바라보면
움직이는 하늘 바다
구름 배를 타고 별나라로
훌쩍 떠나고 싶어요.

쇠똥구리

제 몸 몇 배나 되는 쇠똥
뒷발로 굴리며 가는 쇠똥구리.

땅을 굴리며
데굴데굴

하늘 머리에 얹고
데굴데굴.

까짓것 이참에
지구도 한 번 확 뒹굴려 봐?

쇠똥구리 모두 모여
지구도 달도, 해도
영차영차 힘차게 힘차게 뒹굴려.

어울려 살면

나무들은 나무들끼리
어울려 살고
물고기는 물고기끼리
어울려 살아요.

아이들은 우리들끼리
어울려 살며
너른 세상 큰 세상을
하하 하하 웃으며
재미나게 신나게 만들어 가요.

목탁의 전생

등에 나무가 자라는 물고기
고통스러워 늘 울며 강기슭 헤엄쳤대요.
욕심 많은 어느 스님

부처님 공양물 욕심내고
수행에 게으름 피우더니
등에 나무를 지고 어찌 살까?

생전의 스승 나루터에서 다시 만나
등의 나무를 베어 내고
베어낸 그 나무로 목탁 만들었다지.

-욕심 많은 수행자여.
이 소리를 듣고 탐진치 삼독에서 벗어나라.

아침저녁 예불로 마음 일깨우고
수행승, 재가불자들 깨우는
인연의 목탁소리

물속 중생의 어리석음 일깨우는
목어가 목탁으로
다시 다시 살아났어요!

옹달샘

밤마다
달을 품었다
살며시 놓아주고

밤마다
별을 품었다
가만히 놓아주고

옹달샘은
달빛도 먹고
별빛도 맛나게 먹고
손 바가지 물 한 움큼
꿀컥 꿀컥 마시면

달나라 별나라가
손에 닿을 듯
가슴 짜릿하고 상쾌한 이 기쁨.

해 볼 거야

-하지 못 해
이런 말은 지우개로 쓱싹 지우고

-난 하기 싫어.
이런 말도 얼른 깨끗이 지우고

-난 해 볼 거야.
-그래.
하다보면 기적을 만들 수 있어

마음속에 자라는 희망
나와의 약속

-해 볼 거야.
난 할 수 있어……!

매미의 헌 옷

법당 뒤 갈대밭 화살나무 어깨에
홀랑 벗어 놓은
매미의 헌 옷 한 벌.

눈도 귀도 깨끗이 씻고
손도 발도 깨끗이 씻고
옷 한 벌 소원하더니
그 소원 오늘 이뤘구나.

부처님 향한 염불소리 듣고 자라서
목탁소리 풍경소리
듣고 자라서
찬불가 부르면
부처님 사뭇 좋아하시겠네.

맴맴 맴맴
법당 안에 계신 부처님 들으시라고
한 번 멋진 찬불가
크게 불러 볼 테니?

네가 벗어놓은 헌 옷 개어놓고
나도 들어 볼 테야.

아라연꽃

잠을 자다 깬 아라연 꽃씨
얼마나 잤냐고?
놀라지마, 칠백 년 이래!

어떤 꿈꾸었을까?
무슨 상상을 하며 잠을 잤을까?

고려시대를 지나
조선시대를 지나
대한민국 국호까지 바꾼 것을 알까 몰라

작디작은 연꽃 씨앗
함안 땅 연못 속에서 잠을 자고 있었대.
대단하지 않아? 놀라운 기적이지!

그 씨앗 잠 깨웠더니
꽃송이 활짝 피웠어.
가야 땅 경남 함안의 아라 연꽃.

동생의 비밀

-형아 야, 내가 형아 한테 만 알려 줄게.
-뭔데?
-비밀이야.
-인마, 비밀은 이야기하는 게 아니잖아.
-그래서, 형아 만 알려 주는 거야.

동생이 귀에 소곤소곤 이야기해요.
-정섭이네 집 열쇠
  현관 옆 패랭이꽃 화분 밑에 숨겨 났대.

-형, 그 비밀 안들은 걸로 해
나는 양 손으로 귀를 탈탈 털었어요.

-나, 아무것도 안 들었다.
동생은 손가락을 입에 대고
또 약속을 해요.
-형, 비밀이야.
나도 형한테 이야기 안 했어.

-야, 처음부터 이야기 하지 않았으면 되잖아.
 괜히 걱정을 만들고 있어.
-형, 비밀이니까.

조약돌 한 개

해운대 바닷가 모래톱에서
반짝이며
파도에 씻긴 조약돌 하나

모양도 예쁘고
빛깔도 예뻐 손에 안고 왔더니
밤새 울다가 지쳤나.

뽀얗게 마른 얼굴이
아파 보여요.

-왜 바다가 그리워서 그래?
 하루 밖에 안 지났는데

책상위에서 우두커니 앉아있는 조약돌
아무래도 외롭게 보여 그 바닷가에
다시 데려다 주어야 되겠어요.

예술가도 오셨으면

지구 위에 많은 쓰레기
말끔히 청소해 줄 수 있는
큰 청소부가 오셨으면

가난한 마음을 붙잡아
행복한 마음을 꽃 피울 수 있는

하나님이 오셨으면
부처님도 오셨으면

내 편, 네 편 마음 모아
통일 강산을 화려히 수놓는
오지랖 넓은 예술가도 오셨으면.

고향이 다른 꽃처럼

우리 교실에는
가나에서 온 까만 얼굴 아이
남미에서 온 하얀 얼굴 아이

나팔꽃은 인도가 고향이고
접시꽃은 중국이 고향이고
봉숭아는 동남아시아에서 왔지

학교 꽃밭에서 정겹게 피고 지며
고향이 달라도
함께 어울려 피는 것처럼

까만 아이, 하얀 아이
한 교실에서
웃으며 정겹게 공부하지.

꽃마다 고향이 다르지만
화단에서는 친구처럼 사이좋게 자라듯
우린 겁나게 사이좋은 친구야.

나라 꽃 무궁화

꽃나무 중에
가장 많은 꽃을 피우는 무궁화
옛날부터 우리 조상님 가족들
무궁화처럼 점점 늘어나고
오래 피어있는 무궁화처럼
변함없으라고 집 가까이에 심고
가꾸셨어요.

기원전 4세기에 산해경이라는 책에
동방의 나라에 피는 무궁화
집집마다 울타리 꽃으로 심었다는 이야기
실려 있어요.

차로도 우려마시고
히말라야 어느 사마 부족은
이 근화차를 마시고
아들만 낳는다는 마을도 있어요.

5천년을 이어온 배달민족의 상징 꽃
신하 최치원은
중국에 편지를 보낼 때
근화지향(槿花之鄕)이라고 적었대요.

참전용사

월남에 베트콩과 싸우러 가셨던 할아버지
맹호부대 분대장이셨대요.

옛 친구들 만나시거나
헤어지실 때
언제나 거수경례로 인사해요
-맹호!
-맹호!
언제 보아도 씩씩하고 늠름한 모습

할아버지 손잡고 부대방문 행사에 참석 했을 때
전적 비에 새겨진 친구들 이름
하나하나 손으로 매만지시며
눈물 글썽이시던 할아버지.

자유 베트남을 지키다가 목숨을 잃은
용감한 친구들이래요.
가끔 잠을 자다가도
-분대는 나를 따르라!

꿈속에서도 전투중인 우리 할아버지
맹호부대 분대장.

암자위에 뜨는 별

할머니 스님 계시는 암자
밤마다 하늘에 보석별이 떠요.

금으로 만든 궁전도
루비로 만든 망루도
사파이어로 만든 달님도
초롱초롱 빛나는 밤하늘
부처님이 켜 놓은 등불이어요.

관세음보살 염불하시며
잠드신
암자의 할머니 스님

부처님과 하늘의 천사들
크고 넓은 보석이불 암자에 덮어 주셨어요.

겸손한 마음 가지기

마음속에 선생님을 모셔놓고
다짐을 해요.

-선생님, 제가 너무 잘난 체 하지 않나요?
-선생님, 저는 용서 잘하는 아이인가요?
-선생님, 저는 솔선수범하는 아이인가요?
-선생님, 저는 양보를 잘 하는 아이인가요?

선생님이 아무 말 않고 있으면

-선생님 제가 많이 부족한가 봐요
  더 노력할게요.

마음으로 다짐하는
겸손한 마음 가지기
내가 살아가는 생활을 살피며
마음일기 쓰다보면
늘 웃음 짓는 생활 만들 수 있어요.

겸손

갯바위 마을 가족

해안가 모래톱에
웅크리고 있는 갯바위

가끔 철썩철썩 파도가 달려와 울다 가고
물질하는 엄마처럼
갈매기들 바위에 서성이다가
푸르르릉 날아오르는 돌 바위.

물 밑에는
굴, 따개비, 딱지 조개, 홍합
바위에 덥석 안겨
층층 집을 짓고 사는 갯마을 가족들

바다위에 천둥 번개가 떨어져도
옹기종기 모여서
갯바위 꼭 껴안고 사는 조개들

해안가 사람들 마을이나
갯바위 아래
물속 조개들 마을
우주에서 보면 모두가 정겨운 마을들이야.

미루나무

높은 곳에서
멀리멀리 두루두루 살피는
목이 긴 키다리 선생님

우쭐대고
비싼 게임기 있다 뽐내고
제 것만 챙기려고 덤비는 친구

주먹 불끈 쥐고 새벽을 뛰는 내 친구
신문 배달하는 늠름한 내 친구

뽐내기만 하면 무슨 재미냐
주변에 숨죽이는 친구 많아
슬쩍 양보하는 기쁨도 큰 걸

마음도 두루두루 살피는 미루나무
우리 마을
키가 큰 키다리 선생님.

부사관이 된 말 레콜리스

미국의 군마 레콜리스
'아침 해'라는 이름의 경주마였어.

한국 전쟁 때 경기도 연천전투에서
중공군과 전투를 할 때
산으로 탄약을 짊어지고 나르던 군마

탄약 짊어지고
무릎으로 기면서 탄약을 운반했다는 명마
전쟁이 끝나고 귀국해서
군마로서는 처음으로 훈장도 받고
미국 최초로 부사관 계급장도 받았지.

버지니아 주 피델리스 전쟁공원에
기념 동상으로 만들어진
영광스런 군마 레콜리스

너의 그 용기로 연천 전투가
승리할 수 있었구나.
나도 몰랐었어.
장하고 용감하다, 레콜리스야.

반딧불이와 천둥

반딧불이가 천둥에게 감히 불평을 했어.
-너는 왜 그렇게 소리가 크니?
 모두 모두 깜짝깜짝 놀라잖아.

천둥이 눈을 휘둥그렇게 뜨고 말했어.
-자연을 인간들이 자꾸 허물고 있으니
 내가 화가 나지 않겠어?

반딧불이가 말했지
-사실 나도 걱정이야.
 숲이 사라지고 들판도 숲도 사라지고 있거든
-거봐. 너무 안타깝지?

반딧불이가 갈참나무 꼭대기 끝에서
천둥을 만났어요.
-천둥아, 네 큰 힘과 내 작은 빛으로
 지구를 살려볼 방법은 없을까?
-생각은 참 기특하구나.

비가 그치고
숲에 여치와 귀뚜라미 울 때
반딧불이는 반짝반짝
노란빛 등대를 환히 밝혀요.

개똥벌레라고 잡지 마세요.

교실에 날아온 참새

창문 열고 음악 공부하는 날
창 밖 해바라기 꽃등에 앉아 놀던 참새
포르릉 교실로 들어왔어요.

-와, 참새다. 참새가 공부하고 싶어
 교실에 들어왔다.

내 쫓아도 나가지 않고
교탁에도 앉아보고
포르릉 칠판 모서리에도 앉아보고
창가에도 앉더니

저 혼자서
지저구저저구 찌롱 찌롱
노래 부르다 휙 나갔어요.

선생님이 반주를 하시다 말고
-모두, 똑바로 배워요.
 참새가 너희들 흉보는 것 못 봤어?

우리는 참새 때문에
뜻밖에 모두 바보가 되었잖아요.

미래로 가는 엘리베이터

꽃방석

친구와 다투고 앉은 걸상
가시방석이더니

내가 먼저 사과하고 앉은 걸상
꽃방석이네.

책가방 속에 책

가방 속에 책
몇 권이나 넣고 다닐까?

교과서 외에 읽는 책
몇 권이나 있을까?
한 번 사면 읽지도 않고
책꽂이에 그냥 두는 책

혹시, 책의 신이 있다면
나를 가만히 놔두지 않을 거야.

책가방을 슬쩍 열어 봤어.
-야, 책은 보지도 않으면서
 왜 갑갑하게 책가방에 넣고 다니냐?

내 얼굴 빤히 보며
큰 소리 치는 것 같아 얼른 책가방 닫았지.

나무꾼 아빠

둥근 보름달이 뜨면
하늘나라 선녀들 날아와
목욕하고 간다는 선녀탕.

사냥꾼에게 쫓기던 사슴이 그 비밀 알고
자신을 숨겨준 나무꾼에게 알려줬어요.

선녀 옷을 감추고 선녀랑 결혼해
아기 둘을 낳은 나무꾼 알콩달콩
너무 행복해서
선녀 옷 감춘 이야기 하고 말았어요.

선녀가 아기 셋 낳을 때까지
비밀 지키라던 사슴의 말
아빠는 그만 까맣게 잊고
엄마에게 그만 들려주었어요.

하늘나라가 그리운 선녀 엄마
아무런 말도 없이
선녀 옷을 예쁘게 갈아입고
양쪽 팔 밑에 아기 둘 끼고
훨훨 날아 하늘나라로 날아올라갔어요.

부족한 것이 없는 하늘 멋진 궁전
아기들의 외갓집 이지만
아기들은 아빠가 없는 대궐은 싫어
매일 보채며 울기만 했어요.

-아빠, 보고 싶어
엄마 치마폭 잡고 응, 응, 응

그 눈물이 빗물 되어 밤마다
비가 주룩주룩 내려요.

※ 전래동화를 동시로 바꿔 쓴 나무꾼 이야기

석가탑과 다보탑

해와 달이 하늘을 열고
일광보살 월광보살
낮과 밤 두 하늘 지키실 때

두 손 모아
부처님 가피 서원하며
탑을 지어 공양할 때
원효스님은 무애 춤을 덩실덩실
열반가를 부르는 설총스님

불영지 연못위에
꽃향기 가득
꽃비가 내리네.

부처님의 가피어린
은총이 가만가만 내리네.

작은 우표

엄지손톱보다 조금 큰 우표
신통하기도 하지.

주소와 이름만 적어주면
쪼르르 달려가
지구 끝 바다 멀리 외딴 섬까지

반가운 마음 그리운 마음
전해주고
다시 전해오는 고 작은 딱지 한 장

지구의 반대편에도
아프리카 한 가운데 사막의 도시에도
피융 날아가는지

마음 전하는 작은 우표
귀여워 신기한 마술 같아요.

친구의 가방

친구가 다리를 다쳤다
가방을 메고 넘어질 듯 걷는다.

'-내가 가방 들어다 줄까?'
'-아니, 괜찮아.'
빙긋이 웃는다.

가방을 벗겨 내가 안았다.
'-내가 안 괜찮아서 안 되겠다.'
나는 성큼성큼 가방을 안고 걸어갔다.

뒤에서 나를 부르는 친구
친구 도움 안 받으려는 자존심
그런 거 생각하지 않아도 되는 데…….

나는 돌아서서 말했어.
'-넘어지지 말고 천천히 와.'

내 동생

개구쟁이 내 동생
형이 하면 하는 대로 따라 쟁이 내 동생.

내 숙제 장 꺼내 자기도 공부한다며
낙서로 망쳐 놓고도
뭘 잘못했는지 웃기만 하는 녀석

때려주고 싶고
남동생 필요한 친구에게 주고도 싶고
팔수만 있다면
팔고도 싶은 내 동생

내가 만점 받고 온 날이면
혼자서 신이 나서
동네 사람들에게
-우리 형아가 최고예요.
학교에서 만점을 받았어요.

이 세상에서 형아가 최고 인 줄 아는
내 동생
우리 집의 껌 딱지.

마애불의 미소

백제 사람들은
웃기를 좋아 했나봐
항상 웃고 있는 걸 보면

높다란 산길
꼬불꼬불 찾아간 산자락
서산마애불 삼존불상 가족의 미소

무엇을 보았을까?
아빠 옆에 엄마
아기도 즐겁게 웃는 마애불 가족

가족이 모여 함께 살면 행복한가 봐
항상 웃고 있는 걸 보면.

돌벽에서
백제 사람들이 웃으며 금방 나올 것 같아.

※ 국보 84호. 충남 서산시 운산면 마래여래삼존 불상

미래로 가는 엘리베이터

우주선 같은 엘리베이터
번호만 누르면 스스로 데려다 줘요.

8번은 우리 집
15번은 송이네
27번은 철이네.

숫자대신 쥐라기 공원
화성, 금성, 수성, 달나라
누르기만 하면 쑤욱 갈 수가 있다면

우주로 학습여행도 다니고
별나라 여행도 하고
하늘나라에도 가고 오고
정말 신이날 거야.

하지만 장난치는 내 친구 중에
잠시 왔다가
도깨비별, 귀신나라, 지옥
글자 써놓고 버튼 누르면 어쩌지
그럼, 도깨비 나라에 가야 되는 거 아니야…?

독도는 한국 땅

무궁화가 자라는 동쪽 외로운 돌섬
삽살개도 재미나게 살고
술패랭이 섬장대, 번행초가 자라고
바다제비, 괭이갈매기, 슴새가 집을 짓고 사는
동쪽 끝 우리 대한민국 땅.

섬피나무, 솔송나무, 너도밤나무도
섬마을 가족 모두 함께 모여 오순도순 살아요.

철썩이는 파도소리
멀리 뱃고동소리 잠을 깨우고

대한민국 한반도
매일 아침 먼저 해 뜨고
태극기 펄럭이며 일어서는 돌섬
동쪽 끝의 외로운 한국의 막내 독도.

마음속 생각 키우기

가슴속에 내가 좋아하는
곱고 예쁜 것
가만히 생각하고 그리다보면
향기가득 풍겨 와요.
꽃을 생각하면……

맑은 소리 그리우면
산새, 들새 생각하고
파도치는 바닷가 생각 키우면
바다냄새 철썩이는 파도소리 들려와요.

보름달을 생각하면
밝은 밤하늘
그림자를 만들어주는
둥근달이 떠올라요.

가슴으로 키우는 아름다운 생각들
우리 모두 쑥쑥 키워 봐요
미래의 아름답고 멋진 꿈들을……!

최제우 나무

종로 초등학교 교정
올해 나이 400살이 넘은 할아버지 나무
아이들, 어른들은 이 회화나무를
최제우 나무라 불러요.

동학운동을 하다 잡혀와
이곳에서 고문을 받던 최제우장군
-저 놈을 매우 쳐라!
-죄인의 넓적다리가 부러졌습니다.

그 참혹한 현장 지켜보던 화화나무
얼마나 가슴 아팠을까?

이 땅에 자유와 평등
자주정신을 주창한 최제우장군
41세 젊은 나이에 아까운 목숨 잃은
민중의 지도자

나무야, 그 고귀한 희생

그 의로운 기개

우리 후손들에게

꼭 기억했다가 세세토록 알려주렴.

화랑의 노래

계림 숲에서 들려오는
수탉 회치는 소리
화랑들 낭랑히 글 읽는 소리.

계림 숲에서 천둥소리로
외치던 함성의 소리
-나가자, 싸우자.
이기자!

화랑들 힘차게 부르던
삼국 통일의 노래
통일을 기원하는
화랑의 힘찬 노래 소리.

홀로 타는 꽃불

산새 울음소리 정겨운 절 마당
뜰 앞에 배롱나무 활짝 피어나고

간절한 마음 모아 모아
향 사루고
받쳐진 꽃불 향
누구위해 홀로 타고 있나!

먼 곳 잠깐 여행 갔다
언젠가 돌아 올 것 같은
이승과 저승 사이
손 모아 명복 비는 먼 먼 사랑의 거리

지우지 못하는 인연에
흐르는 눈물도 지우지 못하고
촛농 되어 흐르는 저 맑은 눈물

산새 울음 쏟아내는 사무침일까?
엄마 찾는 어린 동자승의 눈빛일까?

배꼽 절

유치원 다니는
심술쟁이
개구쟁이 내 동생.

절을 할 때 만은
양손 배꼽에 모아
고개를 꾸-뻑
배꼽도 꾸-뻑,

어른들
환한 칭찬에
동생도 따라 웃고
배꼽도 따라 웃고,

얄밉고 밉상이지만
절을 할 때 만은
너무너무 귀여운
내 동생 배꼽 절.

마당 쓰는 이유

- 스님, 왜 마당을 쓰세요?
- 새로 떨어지는 낙엽
  좋아하지 않겠니?

전학 온 철새들

순천만 습지에
겨울이면
청둥오리, 해오라기, 도요새
전학을 와요.

-나는 나는 청둥오리
-나는 도요새야.
-나는 해오라기라고 해.

서로 이름 알리기에 바쁜 철새들
하루 종일 인사하고
하루 종일 어디서 왔냐고 묻고
-지저구 저저구 쫑알쫑알.

휙 날아올라서
그림도 그려 보이고
휙 날아올라서
친구들에게 으스대기도 하는 철새들

하얀 갈대숲에 잠을 자면서도
우리 인사하자
-지저구 저저구 쫑알쫑알

누가 이 아이들
조용히 하라고
야단을 쳐 주었으면 좋겠어요.

서운암 장독대

절간 양지바른 곳에 앉아
잠자코 기다리는 동안
하나, 둘 식구가 늘었어요.

비우고 비워내도
늘 채워지는 보시의 창고

서운암 장독대에는
햇살 가득 바람에 익고
눈보라 물안개가 익힌 간장과
된장, 고추장이 맛있게 익어가요.

절을 찾아온 식구들 건강을 일일이 챙겨줘요.

해우소의 입

서해를 바라보는
능가산 내소사.

창살 연꽃무늬로 조각보 짠
큰 법당 총총 내려오면
근심을 풀어준다는 해우소

배부른 게 즐겁다지만
비우고 났을 때
가벼운 뱃속

의식 담박하니 욕심 없고
기운 누더기 어깨 걸치고
비단옷 바라지 않는 큰스님

-입으로 들어간 것은 비워야 한다.
-상쾌한 기분은 버리고 살기야.

내소사 해우소 입이 속닥속닥.

운주사 와불 부처님

-부처님 아침 공양 드셔야지요.

말없이 누워계신 와불 부처님께
11살 동자스님 찾아와
두 손 모우고 말해요.

-부처님, 요즘 부처님 찾는 사람 많지요.
 저 같아도 피곤할 거예요.
-그게 무슨 말이냐?

부처님이 살며시 눈 뜨시고 물어봐요.

-요즘은 딸 낳게 해 달라
 시험에 합격하게 해 달라
 조르기만 하는 사람 많잖아요.
 저는 매일 절 마당을 쓸고, 큰 법당 마루도 닦고
 보고 싶은 엄마 얼굴도 닦았어요.

부처님이 슬쩍 돌아누우시며 말했어요.
-네가 벌써 부처가 다 되었구나.

문을 바르며

겨울의 문턱에 들어선다는 입동
24절기의 하나.
할아버지 집에서는 문을 발라요.

방문을 모두 떼어내
헌 창호지를 모두 뜯어내고
문을 발라요.

아기가 문구멍을 뚫을까 봐
마당을 내다볼 수 있는
맑은 유리도 끼우고
꽃송이도 몇 개 따서
문고리 옆에 예쁜 모양을 내요.

새로운 마음, 새로운 기분
추운 겨울을 따뜻하게 지내라고
문을 바르며
할아버지는 화롯불에 감자를 굽고
할머니는 문풍지를
문틀에 덧대서 발라요.

할머니의 낮잠

할머니 툇마루에 누운 한낮
손자는 할머니 이마의 주름살을 만져요.
-왜? 할머니가 늙어 밉지?
-아니, 할머니 주름살을 펴보려고
-그냥 할머니랑 한 숨 자자.

손자는 조무락 조무락
손으로 문지르고
두 손으로 잡아당기고
끙끙 만지작만지작 만지작

손자를 끌어안고 잠든
할머니 얼굴에 함박웃음이 가득 고여요.

시를 낭송하면

책 갈 피 마다
새 색시처럼 부끄러워하며
행간에 다소곳이 앉아 있는 시

단짝 친구처럼 불러내어
낭랑히 낭송해 주면
기쁨에 벅차
재빨리 신발 신고
거리로 뛰쳐나와

두 팔 활기차게 흔들며
성큼성큼 걸으며 경중경중 뛰기도

사람들의 가슴마다
생기를 듬뿍듬뿍 불어넣어주는 시 낭송

그 생기는 윤활유 되어
용기로 물레방아 세게 돌리는
폭포수로 쏟아지는 힘찬 물줄기.

국립중앙도서관 출판예정도서목록(CIP)

해님 깨우기 : 반인자 청소년시집 /
지은이: 반인자.[서울] : 코레드 디자인, 2018
122p. ; 15cm x 22.4cm. (반딧불문고 ; 2)

ISBN 979-11-963887-7-5 43220
: ₩12000

청소년시(문학)

811.8-KDC6   CIP2018042313

해님 깨우기
반인자 청소년시집

발 행 일 : 2018년 12월 26일
지 은 이 : 반인자
펴 낸 곳 : 코레드 디자인 (02-2266-0751)
기   획 : 한국불교청소년문화진흥원
전자주소 : kbm0747@hanmail.net

ISBN 979-11-963887-7-5

값 12,000원

*파본은 교환하여 드립니다.